EN

TUNISIE

par

le Docteur Paul COHN, C. ☀.

Officier de l'Instruction Publique de France
Chef-Consul du Touring-Club d'Autriche
Vice-Président du Motor-Yacht-Club Austro-Hongrois
Membre-Correspondant de l'Académie des Sciences du Portugal
Membre du Yacht-Club de France et du Touring-Club de France

VIENNE
1914

EN

TUNISIE

par

le Docteur Paul COHN, C. ✳.

Officier de l'Instruction Publique de France
Chef-Consul du Touring-Club d'Autriche
Vice-Président du Motor-Yacht-Club Austro-Hongrois
Membre-Correspondant de l'Académie des Sciences du Portugal
Membre du Yacht-Club de France et du Touring-Club de France

VIENNE
1914

EN TUNISIE

L'œuvre civilisatrice accomplie par la France, en Tunisie, nous est une démonstration évidente de l'esprit colonisateur qui, à notre époque, caractérise les grandes nations européennes.

En effet, depuis 1881, la France a accompli une œuvre de sauvegarde et d'éducation des indigènes, qui a porté ses fruits, car c'est par l'amélioration de leur condition matérielle et morale que, grâce à la nation protectrice, la Tunisie s'est transformée en un Etat prospère, parmi les Etats de l'Afrique du Nord.

DÉVELOPPEMENT AGRICOLE.

En 1906, dès l'avènement de S. A. Sidi Mohamed-En-Naceur, Pacha-Bey actuel, une ère nouvelle s'ouvrait pour la Régence ; chaque année voit s'accroître la production agricole ; le travail indigène, en pleine activité, a permis de créer d'immenses propriétés rurales, de mettre en valeur des domaines dont l'exploitation rationnelle a emprunté ses grands moyens au mécanisme moderne ; grâce à l'acte Torrens, la législation beylicale a favorisé la propriété foncière au profit des cultivateurs et des colons de nationalité étrangère, comme aussi au profit de l'indigénat.

Aussi, cette belle région du littoral méditerranéen, cette ancienne patrie des Hamon, des Hamilcar et des Annibal, sur laquelle régnèrent, quelques siècles avant notre ère, ces rois marchands qui étendirent l'influence de leur empire sur le Nord-Africain, la Sicile, la Sardaigne, sur les Baléares et sur l'Espagne, renaît-elle, intensivement, à la vie commerciale, parce qu'elle est engagée dans la meilleure voie de progrès moral et matériel, sous le protectorat de la République Française.

RICHESSES MINIÈRES.

Depuis plus de dix ans, un autre élément de prospérité publique vient compléter l'activité économique du pays, par l'exploitation des richesses naturelles du sous-sol tunisien. Les phosphates (1), les gisements de minerai de fer, de cuivre, d'antimoine, viennent donner un nouvel essor minier à la Tunisie.

Les mines de fer de l'Ouenza, évaluées entre 40 et 60 millions de tonnes, auront leur débouché d'exportation aux ports de Bizerte et de Bône.

Notre intention n'est pas de passer en revue les principales richesses géologiques de la Tunisie, mais simplement de signaler que l'industrie minière, à peine naissante dans le Protectorat,

---

(1) *Ces gisements de phosphates ont été découverts, en 1885, par Philippe Thomas, vétérinaire principal de l'Armée (1843-1910), attaché à la mission d'exploration scientifique de la Tunisie.*

Sur l'initiative de l'Institut de Carthage, un monument, dû au ciseau du sculpteur Belloc, a été élevé à ce savant naturaliste.

constitue, pour le pays, un excellent facteur de la prospérité publique.

M. Nicou, ingénieur au corps des Mines, chargé de cours à l'Université de Nancy, évalue, à plus de cent millions de tonnes, la contenance présumée, en minerai de fer, de la Tunisie. (*Rapport au Congrès géologique de Stokolm, Juillet 1909*).

L'exportation tunisienne fournira, annuellement, au marché mondial, à une époque très rapprochée, plus de quatre millions de tonnes de minerais divers.

TOURISME.

La Tunisie est devenue un centre de tourisme des plus agréables ; le climat y est très doux et promet une belle saison d'hivernage à tous les étrangers qui y résident temporairement.

De belles routes conduisent les touristes aux principaux centres d'excursions. Des voies ferrées, des voitures publiques, des automobiles les y transportent dans les meilleures conditions de rapidité et de confort. Dans toutes les villes, de grands hôtels, supérieurement aménagés, offrent aux voyageurs l'attrait d'une nourriture choisie et d'un service ne laissant rien à désirer. De nombreuses distractions : théâtres, concerts, casinos, music-hall, courses, cercles, chasses, pêches, curiosités archéologiques, musées, etc., les y retiennent.

Le Comité d'hivernage de Tunis et de la Tunisie indique des guides sûrs et honnêtes, agréés par l'Administration supérieure.

La totalité de la Régence est maintenant aussi sûre, pour les touristes, que la France.

« Pénétré, en effet, de la nécessité primordiale d'une entière « sécurité sur tout le territoire de la Régence, le Gouvernement a « organisé une police absolument semblable à celle de la Métropole « et qui rend une excursion en Tunisie au moins aussi sûre, sinon « davantage, que n'importe quel voyage sur la Côte d'Azur. » (*Rapport de sir H. Johnston, Consul général d'Angleterre*).

ENSEIGNEMENT PROFESSIONNEL.

L'enseignement professionnel agricole est donné par l'école coloniale d'agriculture de Tunis, créée en 1898, et située à proximité de la capitale.

Cette école est entourée de divers établissements, particulièrement le Jardin d'Essai, l'Institut Pasteur, etc., qui ont également pour mission de fournir des données précises sur les conditions de l'agriculture, dans l'Afrique du Nord.

Les élèves de l'école acquièrent une pratique agricole raisonnée, et, ceux qui sont diplômés, jouissent d'un droit de préemption sur les terres destinées à la colonisation que l'Etat met en vente, en Tunisie ; quelques-uns poursuivent leurs études jusqu'à l'Ecole Nationale d'Agriculture Coloniale et obtiennent le titre d'Ingénieurs d'Agriculture Coloniale, diplôme qui leur donne accès aux services agricoles des Colonies.

INSTITUT DE CARTHAGE.

De tous les groupements qui contribuent à faire une propagande utile en faveur de la Tunisie, hors des frontières de la Régence, il convient de citer l'Institut de Carthage, fondé en 1894, et qui a célébré le 20ᵉ anniversaire de sa fondation le 13 novembre dernier. Un banquet eut lieu, ce jour-là, à Tunis, dans l'Hôtel de Majestic sous la présidence de M. G. Alapetite, Ministre Plénipotentiaire, entouré de MM. les Chefs des Services du Gouvernement tunisien, le Président du Tribunal, le Procureur, le Président de la Municipalité, etc. M. le Résident Général a prononcé un discours que nous reproduisons plus loin. Il est extrait de la *Revue Tunisienne*, organe de l'Institut de Carthage (1ᵉʳ janvier 1914).

Administrateur hors de pair, placé à la tête du Gouvernement du Protectorat M. Alapetite a poursuivi très heureusement, depuis 1906, la haute mission dont il a été investi par la France. Elle a été profitable à la politique d'expansion économique de la Tunisie.

Le Président élu de l'Institut de Carthage est, actuellement, M. Louis Berthon, Ingénieur et Directeur du Service des Mines, dans la Régence.

M. le Docteur L. Berthelon, Ancien Président de l'Institut, est Directeur de la *Revue Tunisienne*.

L'Institut est placé sous le Haut Patronage de Son Altesse Sidi Mohamed En Naceur, Bey de Tunis, et compte, parmi ses membres d'honneur : M. G. Alapetite, Résident Général ; M. Stephen Pichon, Sénateur, ancien Résident Général ; M. le Général Pistor, Commandant la Division de Tunisie ; M. le Docteur Carton, Membre Correspondant de l'Institut de France, Ancien Président de l'Institut de Carthage, Grand Officier du Nicham.

Les Membres de l'Institut de Carthage sont répartis dans différentes sections.

C'est à l'Institut que sera due prochainement la création du Musée de Tunis, en vue de laquelle a été créée une nouvelle section présidée par M. Vassel.

En résumé, et pour terminer ce rapide aperçu, il convient d'appliquer à la Tunisie cette belle phrase d'un discours de M. Lutaud, l'éminent Gouverneur Général de l'Algérie. (*Balna*, 7 octobre 1912).

« Il faut attirer chez nous le plus de Français et le plus d'étrangers
« possible. On méconnaît trop l'œuvre grandiose accomplie par la
« France, dans ce pays, l'œuvre de ces colons et de ces indigènes que
« l'on voit, au petit jour, penchés sur leurs charrues. demandant à
« la terre les trésors qu'elle contient.

« Quand l'étranger, l'Anglais, l'Américain, retournent chez eux,
« ils savent faire l'éloge de la France et reconnaître que le Français
« est colonisateur. »

Dʳ P. C.
Membre de l'Institut de Carthage.

DISCOURS

de

S. EXC. MONSIEUR ALAPETITE

Résident Général de la République Française à Tunis
Ministre Plénipotentiaire.

prononcé

au 20ᵉ Anniversaire de la Fondation de l'Institut de Carthage,
le 13 Novembre 1913.

MESSIEURS,

Je remercie M. Berthon et M. le Docteur Carton de leur courtoisie. Je me félicite d'avoir pu ajouter un ruban au bouquet que votre président a offert de notre part à son éminent prédécesseur.

M. Berthon a, tout à l'heure, essayé de caractériser les intentions des fondateurs de l'Institut de Carthage.

En l'écoutant, je n'ai pu me défendre d'une émotion personnelle très profonde. M. Berthon nous rappelait que votre Institut a été fondé il y a une vingtaine d'années et nous donnait les noms de ses fondateurs, dont un survivant est à cette table.

Je me suis rappelé qu'il y a bien plus longtemps, j'ai eu à faire un discours qui ressemblait beaucoup à celui que nous avons entendu, et que je prononçai à la naissance d'une Société que j'avais contribué à fonder, dans une petite ville de province.

Je me suis éloigné depuis lors. Mais chaque fois que les vacances me ramènent dans le pays, j'assiste aux réunions de cette Société qui, modeste à son origine, s'est enrichie de concours nouveaux et nombreux. J'ai pensé à elle ce soir. Nous n'avons pas songé à fêter son vingtième anniversaire. Vous, vous avez eu un véritable sentiment de coquetterie. Coquetterie, non seulement de nous convier dans un local nouveau dont le spectacle seul est une fête pour nos yeux, mais aussi de vouloir ne pas attendre votre majorité pour célébrer l'anniversaire de votre naissance. De même, les jeunes filles, ne sont point désireuses que l'on célèbre chacune de leurs années nouvelles après la vingtième, de crainte de paraître devoir bientôt coiffer sainte Catherine.

Vous avez eu cette pensée touchante de désirer qu'il manquât le moins possible de vos anciens à cette fête. Les associés ne perdent rien à vieillir, car à l'expérience des plus âgés il est bon qu'elles joignent l'ardeur des jeunes recrues.

Autrefois, les académies avaient la réputation d'être de vieilles personnes, un peu égoïstes. Elles rassemblaient dans leur sein des retraités, de bons vieillards à l'esprit cultivé, arrivés à un âge où l'on se rapproche volontiers de ses compagnons de jeunesse, où l'on aime à s'entretenir avec eux des ouvrages pour lesquels on s'est passionné autrefois. Et ce sont des cercles fermés, qui ne sont pas dépourvus de charme, mais dont le rôle est forcément limité.

Depuis un demi-siècle environ, des Sociétés d'un nouveau modèle se sont fondées qui répondent bien davantage aux besoins de notre temps. Il ne s'agit plus aujourd'hui de vouer aux belles-lettres un culte exclusif. Et M. Bertholon avait raison de vouloir que dans l'Institut de Carthage tout ne se passât point en discours. Le temps de la rhétorique est révolu. Nous nous trouvons en présence d'exigences nouvelles, garantie de plus de bonne harmonie, de confraternité.

Les programmes des Sociétés littéraires ou savantes ne doivent pas être trop spécialisés. Les gens de science sont parfois intolérants. S'ils se réunissent pour s'occuper d'un seul ordre de questions, il y a des chances pour qu'ils ne s'entendent pas. Vous avez voulu que l'Institut de Carthage fût une association bien ouverte. Vous avez eu raison. Par vos archéologues, vos botanistes, vos mathématiciens, vos littérateurs, les membres du barreau et de la magistrature, vos professeurs, les sciences et les belles-lettres sont largement honorées dans votre Institut, et je vois avec plaisir à l'extrémité de la salle un poète que j'écoute toujours avec admiration.

Mais vous avez voulu faire une place plus considérable à la science. C'est là, la signification de l'élection à la présidence de M. Berthon. Et en le nommant, vous avez certainement pensé à honorer la mémoire de Philippe Thomas.

Nous ne sommes pas dans un pays d'oisifs. Vous avez bien parmi vous quelques retraités, mais ils sont tous vaillants ; ce sont eux qui constituent la Section des voyages ; ce qui signifie que le climat de la Tunisie n'est pas aussi déprimant qu'on veut bien le dire, et que jusque dans un âge avancé, il peut s'y rencontrer des ressources d'énergie qui font envie à de plus jeunes.

Il nous faut faire dans nos préoccupations une large place aux sciences qui sont la condition nécessaire du progrès économique de la Régence.

Notre devoir est d'assurer son plein développement à l'œuvre toute de beauté morale que la France accomplit en Tunisie ; mais aussi de ne rien négliger de ce qui peut contribuer au relèvement matériel d'un pays qui a trop longtemps végété dans la misère.

Vous avez bien fait de mettre à la place d'honneur le service des mines et le fonctionnaire distingué qui le dirige en ce moment.

Je serais bien ingrat si je ne signalais pas la grande place qu'occupe dans l'histoire de l'Institut de Carthage, la personnalité de l'éminent archéologue qui précéda M. Berthon à la présidence de votre Compagnie.

Lorsque fut fondée la Société dont je vous parlais tout à l'heure, nos premiers travaux furent des travaux d'archéologie.

A quelque distance de ma ville natale se trouvait un tumulus non encore exploré. Les archéologues de la région déposèrent sans tarder des vœux pour qu'il fût procédé à des fouilles méthodiques. Le tumulus fut éventré. Il n'était pas très riche. Et lorsque tous ses trésors eurent été enlevés, nous n'avions en notre possession que quelques bracelets et objets funéraires sans grande importance. Votre programme est plus vaste, et le champ de votre activité plus varié.

Vous avez su créer un programme de conférences qui attirent l'élite intellectuelle de notre cité, et aussi l'élite mondaine, car les dames vont écouter vos conférences avec autant de zèle certaine-ment qu'elles en mettent à se rendre au bal.

Vous n'avez pas de musée. Je sais que c'est là un de vos grands regrets. Mais vous avez mieux. Vous avez créé une exposition artistique que tous les mécènes de la Tunisie ont eu l'orgueil de doter d'un tableau ou d'un morceau de sculpture. Chaque année, vous ouvrez un musée nouveau devant un public charmé. Nous avons le privilège de vivre dans un pays de rêve pour les artistes, et nous recevons chaque année la visite des plus jeunes, des plus passionnés, des plus ardents au travail parmi les élèves des Beaux-Arts, dont le passage et la présence parmi nous constituent pour les élèves de nos ateliers tunisiens un stimulant salutaire.

Vous avez vos recherches archéologiques dans un pays où l'antiquité punique et l'antiquité romaine ont laissé de tels vestiges, des trésors tellement inépuisables qu'ils fatiguent le labeur de tous les chercheurs.

J'ai vu dans la *Revue Tunisienne* relatés vos travaux autour de Carthage, et la large place que tiennent les dissertations provoquées par vos découvertes. Vous avez voulu rendre à Carthage l'honneur qu'elle mérite en lui empruntant son nom. Ce nom vous le portez dignement et vous n'en êtes pas écrasés.

Il est impossible dans un pays qui a un passé comme le nôtre que ce passé soit dédaigné par ceux qui ont l'honneur de l'occuper.

Le propre de Carthage fut d'élever vers le ciel des monuments incomparables. Cependant lorsque les anciens faisaient la synthèse des merveilles du monde aucune de celles-ci n'était placée en Tunisie.

Il paraît qu'ailleurs, le génie humain fit plus grand encore.

Nous n'avons pas l'ambition d'opposer à ces merveilles d'architecture, des architectures aussi belles et aussi admirables. Cependant pouvons-nous dire qu'il n'y ait pas de merveilles dans ce pays ?

N'est-ce pas récemment qu'un jeune homme intrépide est venu nous montrer de quelle audace, de quelles prouesses est capable la jeunesse française ?

Un grand poète a écrit des héros de la Révolution :

> *La tristesse et la peur leur étaient inconnues :*
> *Ils eussent sans nul doute escaladé les nues,*
> *Si ces audacieux,*
> *En détournant les yeux de leur course olympique,*
> *Avaient vu derrière eux la grande République*
> *Montrant du doigt les cieux.*

Cela nous l'avons vu, ce n'est plus une hypothèse de poète. Il y a dans la jeunesse française de nos jours la même audace que dans ces temps anciens.

Servie par les progrès de la science, elle arrive à accomplir des prodiges qui étonnent le monde et nous remplissent de fierté.

Permettez-moi de vous féliciter d'avoir su associer, dans votre organisation de l'Institut de Carthage, le culte de la science à celui des lettres, le passé avec l'avenir, les vieillards avec les jeunes gens, et laissez-moi en buvant à l'Institut de Carthage et à son président, boire à toutes les grandes choses qui ont été faites en Tunisie par des Français.

(Revue Tunisienne, 1914, janvier, n° 103, 21e année).

PRINCIPALES PUBLICATIONS
SUR LA TUNISIE

La Tunisie. station hivernale (1er octobre au 1er juin). Livret-guide, publié par le Comité d'hivernage de Tunis et de la Tunisie, à Tunis, et par l'Office tunisien d'hivernage et de Colonisation, 2, rue Meyerbeer, Paris.

Grand Tourisme en Algérie et en Tunisie, publié par le Touring-Club de France, 65, avenue de la Grande-Armée, Paris.

Les Grands Voyages (Tunisie, Maroc, Algérie), G. Le Bourgeois, directeur, 38, boulevard des Italiens, Paris. — Edition de la Compagnie Générale Transatlantique.

Petit Guide illustré de la Tunisie, 7, rue de Marseille, Tunis. — Rombi et Cⁱ, imprimeurs, à Tunis.

Voyage en Tunisie, en Algérie et dans les Oasis sahariennes. — Compagnie P. L. M.

La Revue Tunisienne, organe de l'Institut de Carthage (Association tunisienne des Lettres, Sciences et Arts). Paraît tous les deux mois, à Tunis, Hôtel des Sociétés françaises. Abonnement : 12 fr. par an.

Villes d'Art célèbres : Carthage, Timgad, Tébessa et les villes antiques de l'Afrique du Nord, par René Cagnat, de l'Institut. 1 volume in-4° illustré de 110 gravures, relié 5 fr. Paris, H. Laurens, éditeur, 6, rue de Tournon.